Título Original: Fábula Dramatizada

Autor: Crisóstomo Darío Torres Alarcón

Diseño de Portada y Maquetación:

Crisóstomo Darío Torres Alarcón

Corrección:

Crisóstomo Darío Torres Alarcón

Primera Edición Noviembre 2022

Edición para Amazon

ISBN: 9798362454821

Twitter: @Dario10290496

Tumblr: Blogkrissus

YouTube: @escuelasdeprevencion8266

ÍNDICE

BIOGRAFÍA DEL AUTOR

Crisóstomo Darío hijo de Genovés y Agustina nace en la localidad de Santa Cruz de Quirihue (Chile) al sur de Santiago en 1953. Entre 1963/68 realiza sus estudios primarios en régimen de internado en la escuela hogar co-educacional número 1, financiada por la legación japonesa de Santiago. Por la inestabilidad de su familia campesina frecuenta varios establecimientos entre ellos, algunos del barrio de Lo Valledor Norte en Santiago, y la escuela básica n· 8 del barrio estación de la provincia de Cauquenes Maule en la séptima región. Finalizados sus estudios básicos ingresa al Liceo de hombres Nº 2 "Miguel Luis Amunátegui de Avenida Portales 2918 de Santiago, donde concluye sus estudios secundarios humanísticos. La falta de recursos le impide continuar su formación superior, regresando a su casa campesina para cuidar a sus veteranos padres, en la aldea el Islon de Santa Cruz de Quirihue. Para poder tener algunos ingresos por la cercanía que suponen las escuelas públicas rurales, se acoge al plan del ministerio de educación para enseñar en la provincia, ocupando una plaza en la escuela G-49 de San José de Cobquecura en la VIII región, donde permanece destacado poco más tres años.

Durante este periodo escribe artículos sobre la educación o el turismo, y su influencia económica como beneficio directo en la población local. El 5 de agosto de 1979 se produce la trágica muerte de su padre en las caudalosas aguas del río de Huerque cerca del municipio de Coronel de Maule. Tras la dolorosa situación que envuelve a su familia, especialmente a su anciana madre, renuncia al cargo docente y emprende viaje a Brasil en noviembre de 1980. Tanto su hermano Guillermo,(ya desaparecido) como el mismo autor de este libro, cree que su padre fue deliberadamente lanzado al río para hacer creer que fue un accidente, cuando fue un asesinato premeditado, por quienes ocuparon la Sucesión de Herederos; El Islón de Santa Cruz de Quirihue (Chile) y promete, luchar contra la injusticia que rodeo la muerte de su padre, desde dentro de la política, porque aquí no hubo ninguna autoridad local que se preocupara en buscar el cadáver, hasta que su propio hijo Guillermo lo encontró echando un anzuelo de pesca en las aguas del río, faena que le duró quince días de vigilia y ayunos en la búsqueda de su padre, que en tales circunstancias, un cuerpo corrompido por la humedad, tuvo que ser enterrado sin practicársele la autopsia de rigor. En tal sentido, considerando que con casos como este de notable desamparo judicial, resulta urgente e imprescindible crear una legislación específica (código penal que no admita favores al asesino) y donde el asesinato sea considerado uno de los delitos más graves, con carácter imprescriptible y retroactivo, aplicando la máxima pena de prisión al culpable y sus cómplices. Durante su permanencia en la ciudad de Sâo Paulo en el sur de Brasil el año 1981, gana una bolsa matrícula para participar en un curso de desarrollo turístico en Madrid ciudad en la que actualmente reside, realizando cursos de especialización para acceder al mercado laboral por cuenta ajena. En 1986 se le concede la nacionalidad española por residencia, tiempo en el que ha preparado notas de interés que registra como proyectos de empresa, entre ellos dos proyectos, uno para el turismo internacional (basado en el restaurante de mercado con la higiene como esencia del negocio) situando al turismo vacacional en dos fases, la rural de la que aprendió de sus padres, y la urbana utilizando en ambos casos, el jabón de sus antepasados que no contamina por no ser de procedencia química, y el otro proyecto para crear consciencia, y evitar en el futuro los incendios forestales, llevando a cabo una promoción constante de estas iniciativas a través de distintos medios, comenzando por el correo tradicional, y también alguna emisora de la Radio local de Madrid, donde el director del programa le entrevistó a propósito de las iniciativas medio ambientales que se proyectan a medio y largo plazo tanto en el ámbito del sector público como privado.

Este libro lo dedico a título póstumo a mis padres campesinos, porque ellos fueron mi mayor fuente de inspiración y pasión por las cosas buenas que tiene la vida dándolo todo por la familia a pesar de los tiempos difíciles que les tocó vivir, y siempre con mucha alegría expresaron con frecuencia sus más puros sentimientos de buenos cristianos.

PRÓLOGO

Los viajes protagonizados por el autor a numerosos espacios relacionados con ciertos grupos de viajeros, tuvieron el resultado que se esperaba al comprobar que la mayoría de ellos, se organizaba para elegir cada año su destino para pasar sus vacaciones. En aquéllos espacios señalados, no hacía falta ser un experto para crear las necesarias expectativas de desarrollo no a cualquier precio, con relación al equilibrio entre hombre y Naturaleza. La idea aquí es que el sector del turismo, sea este nacional o internacional, puede tener un doble beneficio como gran promotor de progreso para cada Nación, y ser también un gran regulador de los citados espacios por los ingresos que genera, creando y diversificando las nuevas expectativas laborales para la población local, donde sus habitantes con mucha más razón por su cercanía, serán los que garanticen la conservación de su flora y fauna. Obviamente, no hace falta decir que suma y sigue el enriquecimiento de la lengua castellana, y a quiénes no teniéndola como lengua nativa despertará su interés por aprenderla.

El autor

En este siglo XXI agradezco a Roberto Carlos nuestro gran artista brasileño de la canción popular, que en un fragmento de una de sus canciones da una idea clara del respeto que él tiene por la Naturaleza al expresar "yo quisiera ser civilizado como los animales". Al mismo tiempo, debemos fortalecer la moralidad pública y privada en la sociedad predicando con el ejemplo. Por lo antedicho, se expone en paralelo a expresiones sencillas sobre determinados tema de interés y para que mejor lo entiendan los niños en la escuela básica con letras y dibujos de gran tamaño.

En esta obra breve en la representación teatral creada por el autor, no la considera apta para menores, porque para que el mensaje llegue con eficacia a los asistentes, se sugiere que los padres sean los mejores acompañantes de sus hijos que acaban de estrenar su mayoría de edad, pudiendo reflexionar sobre el tema propuesto en familia. La conversación trata de la vida y la muerte demostrando que cada uno paga su tributo a la Naturaleza, y que en ella nada se pierde todo se aprovecha. Habrá muchas clases de diálogos pero por citar un ejemplo, el buitre llega primero al encuentro y dice: - Yo soy el buitre, en nuestra sociedad no dejamos escapar ninguna carroña, todo lo vemos muy bien en el aire, y en el campo mismo está mi amiga le hiena, que sigue nuestros movimientos, y llega poco después que nosotros al banquete, porque en la Naturaleza todos tienen sitio en la mesa, aunque yo prefiero algunas latitudes donde son los humanos nuestra mejor ración del día a día. – el humano complementa la conversación de nuestro amigo el buitre diciendo: - he sido muy feliz en esta tierra, y la Naturaleza me lo ha dado todo, y ahora me pide que le pague con mi cuerpo. Antes de acabar la frase el humano, el buitre le asesta un buen picotazo arrancándole parte de las entrañas, y le dice, amigo humano ya lo sabes en la Naturaleza nada se pierde todo se aprovecha, y si deseas preguntárselo a nuestra amiga la hiena, puedes hacerlo, porque nada más llegar, yo deberé apartarme para que ella y su familia siga con el banquete.

Tal obra se llevará a cabo de la siguiente manera: el diálogo comienza con el humano acostado en el suelo boca arriba, en reposada conversación con el buitre, que le devora poco a poco las entrañas. Tan singular conversación, que deja estupefactos a los asistentes, no es solo como el buitre, va devorando el cuerpo de su interlocutor, sino que además expresa su gran preferencia por esta comida como es en aquellas tierras donde las corrientes religiosas le dan el mayor banquete de su vida, como decir, que no falta de nada humano en la mesa, y es también como decir que los buitres se sienten más felices que nadie en la tierra. Su compañera la hiena, estando de acuerdo con todo lo que dice su compañero el buitre, ríe a mandíbula batiente. Tanto estas como otras herramientas que el autor propone aquí para la ironía, ya algunas otras como recuerdo al gran humorista aragonés (el Sr. Tomás) las ha tenido en consideración en su obra literaria en verso.

La parodia dirigida a ciertas personas e instituciones, pone a prueba la moral de la sociedad en este siglo XXI. En esta dramatización, se presenta un dibujo como escenario central de dos caminos que tomarán las almas para su destino final en el cielo y el infierno. El camino ancho será para las almas que no abandonarán su apego a la ambición por los placeres terrenales, quedando fichadas por el pacto entre el Dios perverso y el demonio, y en cambio el camino angosto en dirección al cielo será para las almas puras. En ambos casos el Dios perverso que no el Dios de todo el Universo, les da a todo el mundo su tarjeta de visita, para que vayan a su antojo por el camino que deseen seguir.

Hay una escena que se refiere al transporte en el que anduvo nuestro señor Jesucristo, magistralmente expuesta al comienzo de la novela de Víctor Hugo "los miserables" donde uno de sus más curiosos personajes, de nombre Carlos Francisco Bienvenido Myriel, es nombrado por su majestad imperial Napoleón obispo de Digne con su correspondiente palacio, para que desarrolle su actividad pastoral. Al lado mismo de su palacio se encuentra el hospital de los pobres, al que acude a visitar inmediatamente, y mientras mira con diligencia, lo hace como si tomara medidas a las habitaciones, porque en una sola habitación de su palacio cabe todo el hospital. De vuelta a su palacio recibe una comunicación urgente que le dice que debe acudir inmediatamente a una reunión con las autoridades locales, el alcalde, el comisario de policía, y otros altos funcionarios que han venido de París. Entonces, el señor obispo, con la idea en su cabeza de velar por los desfavorecidos, en lugar de ir en su lujoso coche de briosos corceles, se va a verles montado en un burro, dando el argumento a quiénes le ven llegar a tan importante encuentro, condición por la que predica con el ejemplo de ir en el transporte que anduvo nuestro señor Jesucristo. Los asistentes al verle llegar se ríen, pero lo que no sabemos si se ríen de él, o se ríen con él. La siguiente exposición relacionada con el nombre de Carlos Francisco Bienvenido Myriel, se refiere al personaje de la novela del genial Víctor Hugo titulada "los miserables", y que entonces como ahora se puede crear la ironía sobre determinadas personas e instituciones, como en este caso se alude al transporte en el que anduvo nuestro señor Jesucristo. Al comienzo también se hace referencia a un fragmento de la canción titulada el progreso del cantante brasileño Roberto Carlos, quién además ha versionado otras canciones sobre nuestro señor Jesucristo, como la luz que solo puede ser Jesús, y en este caso también nos referimos a la importancia de los animales que a diferencia de los humanos solo matan para su supervivencia, y que no contaminan la tierra como si lo ha hecho el hombre en completo desequilibrio con la Naturaleza.

Para completar esta dramatización se dibujará el camino al cielo y al infierno, previo pacto con el ángel caído de dos caras, que además tiene tarjeta de visita.

En la próxima muestra en cartulina se escribe lo siguiente. Esta es la filosofía de quiénes se empeñan en afirmar de que todo este andar, está contaminado por el desenfreno de la vida mundana del ser humano. Y además pretenden hacernos creer que la otra vida que nadie conoce, es la vida de verdadera felicidad.

Si fueran coherentes con ésta línea de pensamiento, y predicaran con el ejemplo la sociedad en su conjunto les daría su legitimidad correspondiente. Además con toda certeza las viles acciones perpetradas por algunos miembros, deberán dejarlos excluíos a esta clase de individuos de la sociedad del bien, por su comportamiento inmoral, y donde tales acciones del mal no volverán a repetirse.

SUGERENCIA DEL AUTOR PARA QUE LOS NIÑOS EN LA ESCUELA BÁSICA, HAGAN LA REPRESENTACIÓN DE LAS AVES Y ANIMALES, QUE ELLOS PREFIERAN

Antes de comenzar, es preciso leer a los niños la importancia de los principales fabulistas como Esopo en Grecia (s. VI antes de Cristo) y Jean de La Fontaine en Francia (1621-1695) una información que nos da el diccionario.

El ejemplo que doy aquí, para comenzar esta representación, es con las cigüeñas que viven allegadas al barrio en que vivo. Sobre la estación del transporte metropolitano, hay unos seis a siete nidos, una prueba de como ellas se han humanizado viviendo en las cercanías de las poblaciones humanas. Según estudios realizados por los especialistas ornitólogos, hay aves y animales que viven toda la vida con la misma pareja, y este parece ser el caso que aquí nos ocupa. Y puesto el disfraz de cigüeña (dos niños) comenzarían el diálogo de la siguiente manera, un niño/a con la cabeza de cigüeña diría "yo soy muy feliz de vivir aquí con mi compañera/o", y el otro niño/a daría su respuesta, que sería algo así como sigue, "yo también soy muy feliz de vivir con esta compañera, y nuestra responsabilidad es criar a nuestros hijos".

Y así, tendríamos cientos de miles de ejemplos para que los niños puedan dramatizarlos con las aves y animales, que además de representarlos en el escenario de cualquier ciudad, se constituyen en los mejores amigos y defensores del bosque y sus habitantes.

LA LITERATURA INFANTIL Y EL RELEVO GENERACIONAL QUE SON LOS NIÑOS

He aquí una breve referencia al primer proyecto de iniciativa contra incendios forestales creado por su autor en la escuela rural, donde estuvo destinado realizando su actividad docente, y a propósito de su proyecto medio ambiental, expresa su punto de vista en el apartado siguiente.

En mi opinión, creo que esta es la fase esencial para el éxito de cualquier proyecto, pasando por la escuela básica, y sobre todo también creo, que cualquier iniciativa pública o privada, debe partir de las sanas consciencias que solo poseen los niños como garantía del éxito esperado presente y futuro. Sin desmerecer el mérito, formación moral, y otras aptitudes complementarias, que tenga o no tenga un profesor de educación general básica, para que en primer lugar vaya a sobornar a los niños en su ciclo de enseñanza – aprendizaje, dejando en segundo lugar la forma correcta de impartir sus clases, una acción que difícilmente profesor alguno haría con los niños.

Esta lámina de autor desconocido da cuenta de la pureza de sentimientos de los niños, ayer hoy y siempre.

LA VIDA EN EL CAMPO PROPICIA EN MEDICINA SOCIAL

Alguien dijo, que quién tiene sentido del humor, tiene media vida ganada. La España Rural, con estas recomendaciones puede recuperar los pueblos y sus habitantes. Pues vamos entonces a conocer la gran bufonada nacional. Al decir humor podemos pensar que es este un acto aislado, que no tiene más importancia, pero la verdad es que este sencillo acto de reírnos es al mismo tiempo salud. Y al decir salud, es también decir, que la medicina social se enriquece, en lo individual y colectivo. Y al señalar a la medicina social, voy a citar textualmente parte de su prólogo.

Literalmente en este concepto, puede decirse, que la medicina social está constituida por sendos capítulos arrancados, a la patología, a la higiene, a la sociología, y hasta a la economía política. Y por citar a la medicina social, que se hace individual en la visita al médico de familia, diré que en este momento que vivimos con el tratamiento del llamado corona virus, la higiene ha cobrado vigencia como ningún otro capítulo medico-social, tanto que me parece oportuno citar la importancia de la higiene que Moisés según el libro El Levítico de la Biblia, que aun no habiendo inventado nada, lo que hizo fue aplicar los conocimiento que había recibido de los egipcios (cita textual del prólogo del libro de medicina social) que dice que el pueblo de Misraím, había concedido la mayor importancia a las prácticas higiénicas, para convertirse en sus preocupaciones dominantes, una propiedad refleja que en este momento tenemos, para lavarnos las manos con frecuencia, y mantener nuestra casa limpia, lo que también significa salud.

LA CALIDAD DEL AIRE CAMPESTRE Y LOS MANANTIALES GRANDES ALIADOS DE LA SALUD

En este relato, el autor expone el ejemplo de la España Rural como consecuencia de los cambios sociales y sobre todo de que las separaciones o divorcios son más frecuentes que los matrimonios y se estos se producen no duran lo suficiente como para formar una familia. Y así por tanto desde esta iniciativa, solo espero que me den cualquiera de los pueblos (de la España Rural) que necesiten ser recuperados en su totalidad para crear empleo estable y calidad de vida para la población local y nacional con el turismo rural como primera fuente de ingresos, máxime cuando la población española es una de las más envejecidas de Europa, y con el camino seguro para no renovarse en nuevas generaciones, porque una sociedad que no se compromete con la familia, termina por desaparecer.

EN LA CUMBRE DEL CLIMA COP 25 CHILE CELEBRADA EN MADRID EL AÑO 2019

Aquí se muestra la presentación, de una de las organizaciones que cada hora presentaron sus proyectos en la cumbre del clima de Madrid. Cada asistente respondía a los expositores mediante un micrófono. En mi caso, fue decir, que había creado tres proyectos de iniciativa, y que aun siendo tan innovadores todavía no estaban en el mercado. Tres proyectos creados, para la calidad de vida y el empleo estable, que evite que las familias tengan que emigran para trabajar, justificándose solo cuando el empleo es temporal con la vendimia como su ejemplo más característico. Por cada una de mis respuestas recibí muchos aplausos.

COMPROMISO MEDIO AMBIENTAL DE TODA LA SOCIEDAD

Y para conseguirlo, antes debemos separar para luego reciclar (los desechos orgánicos e inorgánicos) en el caso de los desechos inorgánicos, daremos así una segunda oportunidad al producto industrial, que en ningún caso será destinado para su compra-venta, siendo distribuido entre las familias de escasos recursos, quiénes serán beneficiarios hasta que su uso normal le convierta en desecho inorgánico para su destino final en los receptáculos habilitados por parte de los servicios municipales de limpieza.

Que el legado, que debemos dejar a las generaciones venideras sea un planeta limpio y lleno de vida, porque el plástico es un producto industrial que de no reciclarse hasta que lo haga por sí solo pasaran cientos o miles de años. En un documental de la televisión local, se dijo que en la actualidad (2020) 2/3 de las aves marinas tienen residuos de plástico en sus estómagos, y en el año 2050, lo tendrán el 99%. Cuando las ballenas se tragan el plástico, sacian su apetito y al mismo tiempo (el plástico) les mata de hambre. Las ballenas respiran como nosotros, su hábitat es el mar que debe estar limpio como también el aire, sin olvidar que cada año llegan al océano, diez mil millones de toneladas de plástico.

El autor de Fábula Dramatizada asistió a la cumbre del clima que tuvo lugar en Madrid el año 2019. Allí presenció las muestras de los proyectos de iniciativa, que los emprendedores presentaron para dar solución a muchos problemas que ha ocasionado una serie de catástrofes naturales aceleradas por la contaminación del planeta, especialmente los mares que acumulan el plástico con una media de diez mil millones de toneladas por año. La mayoría de estos proyectos estaban relacionados con el cambio del clima, y el peligro que tiene para la vida en el corto y medio plazo sobre todo para las poblaciones ribereñas del mar, donde ya el nivel del agua está alcanzando zonas habitadas (y la voz de auxilio más notable que se escuchó fue la de los representantes de Filipinas) una consecuencia directa provocada por el deshielo en buena parte de la tundra. El suscrito habló de sus proyectos de iniciativa especialmente del que creo para luchar con eficacia contra los incendios forestales, recibiendo muchos aplausos del público presente. En éste cometido, espera recuperar las tierras de su padre en la Sucesión de Herederos "El Islón de Santa Cruz en Chile, para crear una escuela sobre este fenómeno abierto a todas las universidades interesadas, al tiempo de construir un mirador al mar constituido por un centro para vacaciones de niños con discapacidad y personas mayores. Así mismo es posible crear la base de un tipo de turismo para el descanso vacacional y la salud, con recursos locales que representan la mono producción del trigo, y la fiesta de la trilla una fuente ancestral de la cosecha como un modo de vida autosuficiente. Y para completar tan nobles propósitos, invita a la Iglesia anglicana, católica y protestante, para que levanten un templo junto a la Fundación que el autor ha creado a la memoria de sus padres.

PRIMERO LA CONSCIENCIA MODELO SALOMÓNICO DE JUSTICIA

Hace ya varios años que escuché en una emisora de la Radio local de Madrid a un letrado en ejercicio decir lo siguiente. Estas fueron sus palabras, o la interpretación que se hizo de ellas. Él comenzó diciendo que en Alemania si un ciudadano extranjero comete un delito leve la justicia lo expulsa, y le prohíbe para siempre volver a entrar al país.

Estas palabras las he comentado a conocidos con los que me encuentro en la calle o el transporte público, que en mi caso utilizo como única vía de desplazamiento en distancias superiores a 5 k. mostrándose estas buenas personas, con tristeza de que aquí no sea igual de buena la justicia como en Alemania. Y sobre la consideración de la justicia alemana, ya era conocida en 1983 en una casa de huéspedes de Madrid. Llegó allí un juez mexicano, que dijo venir a Madrid a realizar un curso de derecho internacional público, y se refirió a la justicia alemana diciendo que es aquélla donde el juez está primero con su consciencia y cuenta con todos los mecanismos necesarios para que su aplicación sea salomónica.

En cambio en México dijo él, que tuvo que renunciar a su nombramiento en un Estado, porque cuando iba a aplicar la justicia, el gobernador tenía la sartén por el mango, y le impediría a toda costa, que diera la razón a los campesinos, que mantenían una disputa a tiros por la legitima propiedad de las tierras, y una vez informado el juez mexicano del estado de cosas, comprobó que el gobernador era un gran admirador de Alcapone, y que si seguía empeñado sin contar con él, entonces mejor debía abandonar el Estado y su destino en ese tribunal porque en ello le iba la vida.

Mi sugerencia de buena lectura, sobre autores de la literatura universal, como en este caso de la literatura francesa que he citado por el doble cometido comenzando por ser alumno del profesor de la asignatura de francés, y quién también fue pintor, y escritor del libro titulado "cincuenta poetas de Francia" un manuscrito que yo tuve en mis manos, y cuando digo manuscrito él escribió el libro de su puño y letra.

Y mi recorrido que también hago por la literatura española con el genial manco de Lepanto (Cervantes) Lope de Vega el Fénix de los Ingenios, Garcilaso, o el gran Ángel de Saavedra Ramírez de Baquedano duque de Rivas, tanto para comenzar como para finalizar los estudios en sus distintos niveles del ciclo enseñanza-aprendizaje, porque creo que cada persona en su actividad vocacional, es bueno que se mantenga ocupada a pesar de que a veces no sea una especialidad con la que se quiera trabajar toda la vida, porque cuando se trata de ganar experiencia siempre será importante en el aspecto laboral, y por supuesto también acompañada de una buena lectura. De esta suerte de compromisos personales y colectivos según se mire, cuando acabe el día, durante la noche se dormirá de un solo tirón, con el consiguiente descanso reparador ideal para continuar la lucha por la vida al día siguiente, sin notar que sea rutina para compartir el fin de semana en familia, y con ello irradiar toda la capacidad y madurez intelectual ganada con la buena lectura sugerida, como si tal guía de quiénes lo deseen, especialmente los niños, y ya en vacaciones, habrá tiempo para el total descanso de nuestro año lectivo llevando un librito de bolsillo mientras tomamos el sol.

COLABORANDO CON EL PROFESOR EN UNA DE SUS EXPOSICIONES DE PINTURA

El suscrito estuvo colaborando en algunas de sus exposiciones de pintura con el ilustre profesor pintor y escritor D. Jorge Chaves Dailhe

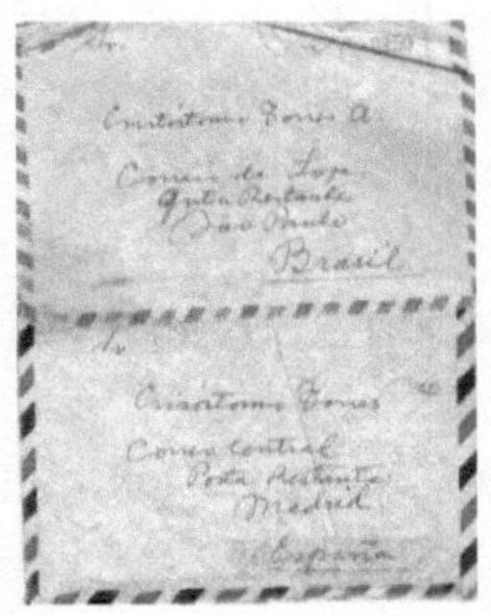

En ésta página, se muestra una postal que envió el profesor Chaves al suscrito, como respuesta a su carta, mientras se encontraba de paso en la ciudad de Sao Paulo en Brasil, con el objetivo de crear un gran proyecto para el turismo, que le llevó varios años conseguirlo. Hasta el presente año 2022, han sido cinco los proyectos de iniciativa creados para mejorar la calidad de vida y el empleo estable para trabajadores locales, impidiendo la migración de miembros de familias en la búsqueda activa de empleo, con la vendimia, entre otras actividades agrícolas que si exige desplazamientos migratorios por tratarse de un empleo circunscrito a la temporalidad. En el debut de la enseñanza básica, el suscrito estuvo destacado como profesor (EUR) en el sector rural, donde compartió con el profesor Chaves, múltiples experiencias tales como, llevarle en uno de sus viajes hacia el sur, una maleta con algunas de sus pinturas para ser expuestas en salas de exposiciones en la ciudad de Chillán, o encontrarse de comensales en el casino del cerro San Cristóbal, donde emerge el modélico barrio Bellavista en el gran Santiago, similar al barrio madrileño de las letras. Estos encuentros con el elogiado profesor Chaves derivados de sus frecuentes viajes interprovinciales en tren, donde pudo oír hablar de su obra comentada por los viajeros como también en las emisoras de la radio local como si tal eco de la montaña donde todos hacíamos un alto en el camino, especialmente en Curicó la estación de sus famosas tortas, que ofrecen los comerciantes a los pasajeros del tren. Como cada año, finalizado el curso de perfeccionamiento del magisterio rural, en la ciudad de Chillán, el suscrito era convocado cada verano por la dirección provincial de educación, además de ser entrevistado para que diera su opinión sobre las actividades del profesorado en estas fechas, por los encargados del espacio de noticias de la Radio emisora local, concretamente de la Radio "La Discusión de Chillán" donde se comenzó diciendo: el profesor Torres Alarcón ha expresado su satisfacción por estos cursos, que elevan a cada maestro a la condición de pequeña pero excelente antorcha de sabiduría en cada punto de nuestra geografía, enriqueciendo con una buena dosis de experiencia y conocimiento a sus conciudadanos. Colaborar con el profesor Chaves en sus exposiciones de pintura, fue una gran ocasión de aprendizaje, sobre todo por la admiración que despertaba en los asistentes, deteniéndose en un prolongado saludo de reverencias mutuas, con que se complementaban, en sus conversaciones. Digno es de destacar, que su obra es muy similar a la de su homólogo valenciano Joaquín Sorolla, que tiene un museo a su memoria en la calle del General Martínez Campos de Madrid. Como ejemplo apasionante de la actividad de su arte pictórico el suscrito acompañó al profesor Chaves, en dos ocasiones en las salas de exposiciones del Banco de Chile en el centro de Santiago, donde expuso óleos y acuarelas, con temas de playa, paisajes, niños bañándose. Sus obras están presentes en hoteles, como es el caso del Gran Hotel de la ciudad de Chillán, y también en grandes pinacotecas del país, porque quién tiene un Chaves en su sala de estar, es que goza de calidad de vida. El profesor Chaves como un hombre apasionado, compartió simultáneamente toda su vida, la enseñanza del idioma francés con la pintura, y también escribió su libro titulado Cincuenta Poetas de Francia, otro gran acierto para el público en general y sobre todo para los estudiantes de filología francesa. Como alumno de la asignatura de francés en el liceo Nº 2 de Hombres de Santiago de Chile el suscrito, pudo comprobar su buena disposición que tuvo como maestro, no solo con algunos sino con la mayoría de sus alumnos, y todas las veces que pudo conversar con él sobre múltiples asuntos, ante los cuales razonaba con singular pasión por la vida, de la que solo corresponde a todos los grandes hombres y mujeres de ciencias, artes y letras.

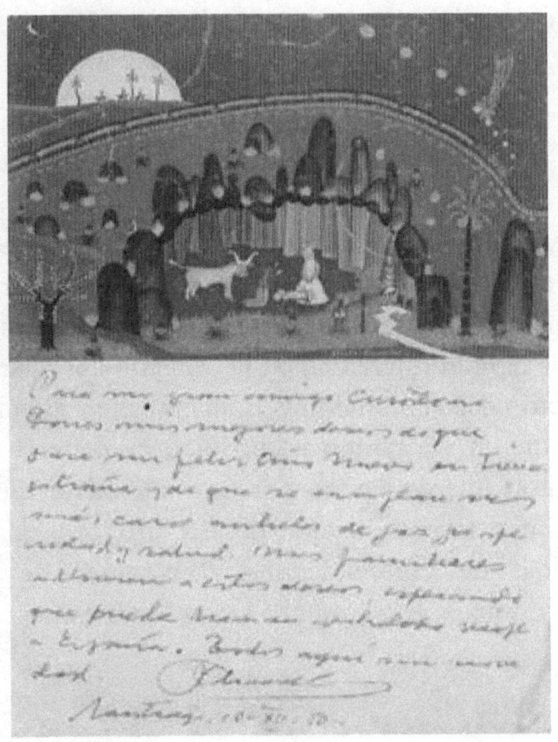

MUCHOS DICEN QUE EUROPA ES DE LOS CIUDADANOS Y EL HECHO QUE AQUÍ SE EXPONE DEMUESTRA QUE ES SOLO PARA ALGUNOS

A mi pregunta a la embajada de Austria sobre la vida y obra del ilustre médico austro-húngaro Ignacio Felipe Sommelweis realizada por correo electrónico, me respondieron en menos de una hora. Una gran diferencia en la difusión del mismo proyecto en las autonomías donde si bien algunas respondieron vía correo tradicional, en general no mostraron interés alguno por esta iniciativa. Igual suerte tuvo la presentación de este proyecto en el programa de emprendedores "Erasmus" de la Unión Europea, que tampoco mostró interés.

**GRACIAS
ROBERTO CARLOS
POR EL MENSAJE DE TU
CANCIÓN: YO QUISIERA SER
CIVILIZADO COMO LOS ANI-
MALES.**

FÁBULA DRAMATIZADA
Para el Teatro del Siglo XXI
Con la Familia
La Ecología
La Moral y La Ironía
Con Elementos para La Economía

A los buitres nos gusta vivir en cualquier parte del mundo, especialmente en África.

Estamos de acuerdo con lo dicho por el humano Ernesto Sábato, que la vida es muy corta y complicada, y cuando empezamos a enterarnos toca morirse.

Ésta es la filosofía de quiénes se empeñan en afirmar de que todo este andar está contaminado por el desenfreno de la vida mundana del ser humano. Y además, pretenden hacernos creer que la otra vida que nadie conoce, es la vida de verdadera felicidad.

Si fueran coherentes con esa línea de pensamiento y predicaran con el ejemplo, la sociedad en su conjunto les daría la legitimidad correspondiente. Además, con toda certeza las viles acciones perpetradas por algunos de sus miembros, dejará excluidos a esta clase de individuos de la sociedad del bien por su comportamiento inmoral, y donde tales acciones del mal no volverán a repetirse.

EL AUTOR DE ESTA FÁBULA
DRAMATIZADA, PROPONE
LA VENTA POR ENCARGO EN
CADA COMERCIO DE ESPAÑA
LA OBRA TITULADA "ENCI-
CLOPEDIA DE LA CULTURA
ESPAÑOLA". POR SU GRAN
VALOR LITERARIO Y CULTU-
RAL DEBE SER DISFRUTADA
EN FAMILIA, SIENDO ADE-
MÁS UNA CLARA APORTA-
CIÓN A LA DIFUSIÓN DE LA
CULTURA.

**Y también al turismo interno
e internacional de España.
El éxito editorial, debe ser
agasajado con una copa de
vino al día solo para adultos
en España y en Chile. El suscrito residente en España
aprovecha esta ocasión para**

EL SIMULACRO DE ESTA ENCICLOPEDIA
HA SIDO REALIZADO POR EL AUTOR DE
FÁBULA DRAMATIZADA A PARTIR DEL
PRIMERO Y QUINTO TOMO QUE TIENE EN
SU BIBLIOTECA FAMILIAR.

Y también al turismo interno e internacional de España. El éxito editorial, debe ser agasajado con una copa de vino al día solo para adultos en España y en Chile. El suscrito residente en España aprovecha esta ocasión para

CINCUENTA POETAS DE FRANCIA

UN LIBRO ESCRITO EN CHILE POR EL PROFESOR DE FRANCÉS DON JORGE CHAVES DAILHÉ, QUE NOS DEJÓ EN 1999, TRADUCIENDO AL ESPAÑOL DE TRES A CUATRO POEMAS DE CADA UNO DE LOS CINCUENTA POETAS ELEGIDOS, QUE SUMAN MUCHAS PÁGINAS Y QUE PERMITE A FRANCIA SER CONOCIDA POR SUS POETAS.

REPRESENTADA POR AUTO-RES COMO EL GENIAL VÍC-TOR HUGO Y SU NOVELA LOS MISERABLES DE LA QUE EL SUSCRITO ESTÁ EXTRAYEN-DO EL MÉRITO DE ALGUNO DE SUS PERSONAJES CON EL FIN DE CONOCER EL GRAN VALOR LITARARIO DEL AU-TOR Y SU TIEMPO PARA

CREAR LA IRONÍA PER-
FECTA Y EL SARCASMO
PROFUNDO DE ESTA SO-
CIEDAD DEL SIGLO XXI
PARA EXALTAR LOS VA-
LORES DE LA REPÚBLI-
CA FRANCESA Y SU LITE-
RATURA, QUE SEGÚN EL
ILUSTRE PENSADOR RE-
PUBLICO GRANADINO D.
ANTONIO GARCÍA TREVI-
JANO (1927-2018) ES LA
ÚNICA DEMOCRACIA DE
EUROPA.

CRISÓSTOMO DARÍO AUTOR DE ROMANCES A LA IRONÍA DE LA SOCIEDAD DE 1999 (FIN DE SIGLO XX) OBRA AUTOPUBLICADA RECIENTEMENTE EN SU PRIMERA EDICIÓN, EXPRESA UNA VEZ MÁS SU ADMIRACIÓN POR LA LITERATURA FRANCESA.

El proemio de este libro fue aprendido de memoria por uno de los alumnos del autor y comienza así: yo he querido en un gesto de amor sin petulancias

**hacer un imposible y
un posible también
abrir al habla hispá-
nica los tesoros que
Francia guarda en su
lengua de oro para el
que la ama bien
yo he querido evocar
el sumo y la elegancia
de Ronsard Baudelaire
Verlaine Víctor Hugo**

Y HACER SENTIR EN ALGO
LA MÁGICA FRAGANCIA
DEL VASTO INTEMPORAL
QUE ENLOQUECIÓ A RU-
BEN Y AQUÍ OFREZCO
ESTOS VINOS VIEJOS ZU-
MOS DE FRANCIA
DE INSÓLITOS AROMOS
QUE MI ESPÍRITU ESCAN-
CIA
DE SU ENVASE FRANCÉS
EN UN VASO ESPAÑOL

TRES NOCHES ESTUVE
TOMANDO CON UNOS
ROTOS PAMPINOS
TIENEN QUE HABER
SIDO DEL SUR COMO
ERAN TAN BUENOS
PAL VINO.

FRAGMENTOS DE UNA DE SUS
CUECAS MÁS REPRESENTATI-
POR LA QUE LOS HERMANOS
CAMPOS SERÁN SIEMPRE RE-
CORDADOS, Y QUE SE TITULA
"LOS VECINOS BUENOS PAL VI-
NO" Y QUE COMIENZA RECI-
TÁNDOSE ASÍ, YO BRINDO

POR EL ARTISTA, Y BRINDO POR
LOS GUITARRISTAS, BRINDO POR
EL PANDERISTA, Y BRINDO POR
EL BAJISTA. BRINDO POR EL PIA-
NISTA, Y BRINDO POR EL BATE-
RISTA.

CUECA
LOS
VECINOS
BUENOS
PAL VINO
AUTORES

LOS
HERMANOS
CAMPOS

A
LA SALUD
DE
NUESTRA
MÚSICA
CHILENA

CON MI MARIONETA EN CLASES

Por su experiencia en la escuela básica, el autor de ésta fábula dramatizada, cree en la eficacia con que la enseñanza crea la formación de hábitos para el éxito tanto de esta como de cualquier tipo de empresa. En la imagen, da una muestra de las distintas formas de promoción de su proyecto de iniciativa contra incendios forestales, y que espera hacerlo universal, para favorecer el hábitat de aves y animales que viven en la ribera de los ríos junto al bosque.

**De los cinco proyectos creados
por el autor de Fábula Dramatizada, destaca el relativo a la
lucha eficaz contra los incendios forestales, su deseo es hacerlo universal, para evitar
que se repitan otros, como los
los que tuvieron lugar en Ca-
lifornia, Australia, Siberia, y
Portugal, muriendo personas
y muchos animales, incluso
los que están en peligro de ex-
tinción. Los niños de hoy son
los verdaderos defensores del
bosque, un siglo sin incendios
será la mejor garantía para la
la calidad de vida de las futu-
ras generaciones.**

El autor de Fábula Dramatizada asistió a la cumbre del clima que tuvo lugar en Madrid el año 2019. Allí presenció las muestras de los proyectos de iniciativa, que los emprendedores presentaron para dar solución a muchos problemas que ha ocasionado una serie de catástrofes naturales aceleradas por la contaminación del planeta, especialmente los mares que acumulan el plástico con una media de diez mil millones de toneladas por año. La mayoría de estos proyectos estaban relacionados con el cambio del clima, y el peligro que tiene para la vida en el corto y medio plazo sobre todo para las poblaciones ribereñas del mar, donde ya el nivel del agua está alcanzando zonas habitadas (y la voz de auxilio más notable que se escuchó fue la de los representantes de Filipinas) una consecuencia directa provocada por el deshielo en buena parte de la tundra. El suscrito habló de sus proyectos de iniciativa especialmente del que creo para luchar con eficacia contra los incendios forestales, recibiendo muchos aplausos del público presente. En éste cometido, espera recuperar las tierras de su padre en la Sucesión de Herederos "El Islón de Santa Cruz en Chile, para crear una escuela sobre este fenómeno abierto a todas las universidades interesadas, al tiempo de construir un mirador al mar como centro de veraneo para vacaciones de niños con discapacidad y personas mayores.

Así mismo es posible crear la base de un tipo de turismo para el descanso vacacional y la salud, con recursos locales que representan la mono producción del trigo, y la fiesta de la trilla una fuente ancestral de la cosecha como un modo de vida autosuficiente. Y para completar tan nobles propósitos, invita a la Iglesia anglicana, católica y protestante, para que levanten un templo junto a la Fundación que el autor ha creado a la memoria de sus padres.

**LA HISTORIA LA ESCRIBEN
LOS VENCEDORES.
SIR WINSTON CHURCHILL
(1874-1965)**

**TODOS MORIREMOS
NUESTRAS OBRAS PERMA-
NECERÁN.
SIGMUND FREUD
(1856-1939)**

Cumbre
del
clima
COP25 CHILE
MADRID 2019

Bienvenido Myriel, fue designado obispo de Digne por su Majestad Imperial Napoleón. La anécdota que se ilustra en esta caricatura es que vivió plenamente, cumpliendo las funciones de su cargo y vemos la perfecta ironía traída aquí, descrita textualmente en la página 11 de la novela "Los miserables" de Victor Hugo. Bienvenido Myriel llegó en cierta ocasión a Senez una vieja ciudad episcopal a lomos de un burro. Su bolsa harto flaca en aquel entonces no le permitía otra montura. Subió el alcalde a recibirle y miróle escandalizado al verle apearse de su asno. Algunas personas se rieron, Sr. Alcalde dijo el obispo, creéis que es demasiado orgullo en un pobre sacerdote presentarse á caballo en una cabalgadura que fue la de Jesucristo. Pero creed que por necesidad lo hice, no por vanidad.

POR UNA SOCIEDAD CON HÁBITOS DE CONSUMO RESPONSABLE

Nuestro planeta tierra ha experimentado durante el pasado siglo XX un fuerte retroceso en la totalidad su masa forestal. Diariamente se talan cientos de hectáreas con fines especulativos de la industria de la madera, sin tener en cuenta, que para recuperar el hábitat en su estado primigenio se necesitan más de veinte siglos hasta que la época geológica pueda vestir la desnudez de los montes, después de pasadas varias generaciones. La densidad de población aumenta en el mundo y la tierra disminuye en relación con los habitantes por cada Km. Las tierras agrícolas de secano y regadíos son cada vez más improductivas, debido a factores como la falta de lluvias con períodos de sequía cada vez más prolongados causa del cambio climático, y el uso de pesticidas, para la eliminación de las plagas, llegándose a contaminar en algunos casos las aguas superficiales y subterráneas.

En las grandes ciudades, el problema de las basuras nos induce a pensar que cada familia genera un promedio de 5 k por día. Los gobiernos locales en su procesamiento controlado ocupan cada vez mas espacio para depositar los desechos en los vertederos garantizando una política ambiental responsable que no suponga perjuicio para la salud de los ciudadanos.

Respecto a la separación de los desechos domésticos, asunto que me ocupa en el presente proyecto registrado con el título de "El Electrodoméstico Reconvertido en Separador de Desechos Orgánicos e Inorgánicos", para que cada hogar cuándo un aparato electrodoméstico de uso casero sea viejo, y su espacio que ocupaba en la casa, deberá reconvertirse cumpliendo su nueva función, como en el ejemplo que se señala en la siguiente fotografía. "Éste aparato era un frigorífico, y ahora es un separador de desechos domésticos".

La importancia de ésta iniciativa, puede tener doble importancia, en relación con la sociedad de nuestro tiempo. Por un lado se contribuye a una mayor separación global de las basuras, separándolas desde cada hogar, ayudando a la limpieza de la ciudad. De otro lado se promueve una función pedagógica con origen en la misma casa para que los niños puedan crear la conciencia anticipada como futuros ciudadanos responsables del equilibrio sostenible entre el hombre y la naturaleza, sumando resultados medioambientales positivos en la escuela, además de colaborar con los gobiernos locales en éste cometido.

Fábula Dramatizada

PARENTS
Children

LA TECNOLOGÍA AL SERVICIO DEL HOGAR

Desde el planteamiento de las normas DIN por parte de un grupo de ingenieros alemanes, la producción en serie de bienes y servicios de la industria y el comercio ha tenido un desarrollo frenético para el uso y disfrute de las familias en los centros urbanos.

A menudo ésta producción en relación con la sociedad de masas se ha disparado fabricando tantos aparatos para el hogar con una oferta y demanda que ha transformado los usos y costumbres tradicionales hasta límites insospechados. Según las estadísticas, se han fabricado tantos televisores, frigoríficos y lavadoras, como habitantes tiene la tierra. Ésta masiva producción de aparatos para el hogar, que funcionan con la electricidad, ha crecido en mas de un 100% los últimos años y sigue creciendo.

Por tanto, los electrodomésticos viejos que ya no prestan el servicio en casa son abandonados en las calles por los vecinos. Por ésta y otras razones, manteniendo la costumbre del uso y el espacio que éste viejo aparato tuvo en casa, sirviendo a la familia, continuará con la función separadora de desechos domésticos de la familia en el mismo lugar de la casa.

LA RESPONSABILIDAD COMPARTIDA DE INSTITUCIONES Y CIUDADANÍA CON EL DESARROLLO SOSTENIBLE

Los gobiernos locales, que disponen de presupuesto para acometer programas de procesamiento de vertidos, están comunicando a los vecinos con frecuencia sus actuaciones medioambientales más inmediatas. A éste respecto a la vista del considerable aumento de basuras impuesta por la actual sociedad de consumo, los ciudadanos son críticos, cuándo saben que se ha contaminado alguna ribera de algún río por parte de empresarios irresponsables, y por la falta de previsión de las autoridades del ministerio correspondiente.

Por ahora la recolección de basuras no observa contratiempos, a pesar del aumento que muestra la foto siguiente. El gran reto en ésta cuestión de separar para procesar mejor las basuras, no es competir con la institución inherente en ésta materia, siendo ésta una entidad responsable al servicio del ciudadano, sino mas bien esto significa sumar esfuerzos, para conseguir una mayor protección de la naturaleza amenazada por el hombre, para que nuestros hijos puedan heredar un mundo libre de contaminación, en la medida de lo posible, manteniendo en las mejores condiciones de limpieza las áreas urbanas, y rurales.

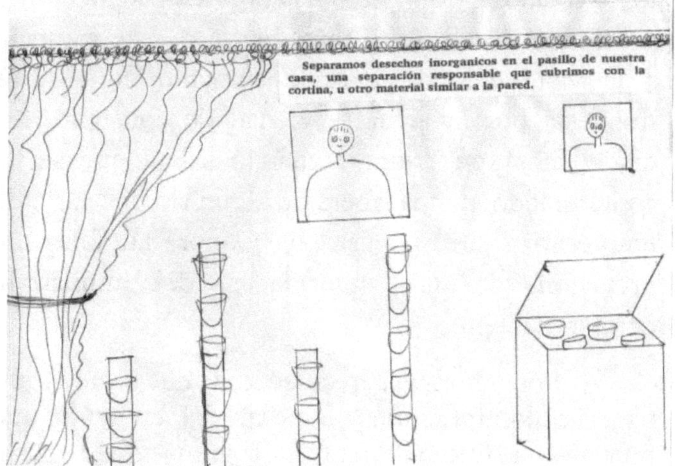

Fábula Dramatizada

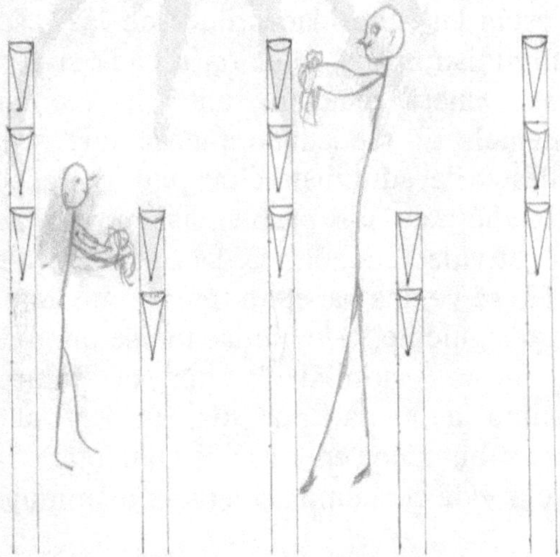

LA BASURA EN LA CIUDAD

La conciencia ciudadana en asuntos medioambientales, parece no preocuparle demasiado al ciudadano corriente. Él cree que para eso están las autoridades que son las responsables de administrar una solución a cada situación que pueda tener relación con la contaminación ambiental. El ciudadano piensa que si paga sus impuestos la administración pública recauda, para la solución de los problemas correspondientes a cada actividad económica del Estado. Sin embargo, cuándo se ve una papelera llena como la muestra de la foto siguiente, éste ciudadano se pregunta si éste consumo es normal, o por el contrario éste consumo aumenta, por día, mes y año, y los recursos humanos en lugar de aumentar a la par con ésta clase de consumo acelerado, disminuyen.

Fábula Dramatizada

LOS DESECHOS INORGANICOS

El vidrio, el papel, cartón, envases plásticos, envases metálicos, etc., que no se descomponen durante un tiempo prudencial, pueden permanecer en bolsas de tela o papel, según recomienda el autor de éste proyecto, para depositarlos luego en los recolectores móviles, como muestra la figura siguiente.

LOS DESECHOS ORGANICOS

Con éstos desechos debemos de ser diligentes actuando con la mayor celeridad, llevándolos a la mayor brevedad de tiempo posible hasta los destinos definitivos, que en su caso serán las fabricas de abonos artificiales para el uso en parques y jardines, como ya se está haciendo, y no utilizarlos nunca como complemento alimentario en la crianza de animales.

LA SEPARACIÓN DE RESIDUOS DOMÉSTICOS EN UN TALLER FIJO DEL BARRIO

Se propone un taller fijo para separar residuos de fácil manipulación y sin riesgo para la salud del trabajador. Después de conocer las ventajas que éste tipo de separación tiene para uno o mas barrios de la ciudad, los propios vecinos colaborarán con mayor eficacia, porque ésta iniciativa significa mejorar las actuaciones que ya existen, además de contribuir a una mayor calidad de vida para todos, si sabemos que cada uno de los ciudadanos tanto individualmente como colectivamente somos responsables de forma conjunta, de que las basuras no se pueden dejar en cualquier lugar de la ciudad mezclándolas todas, sino en contenedores especialmente destinados a ésta finalidad.

Factory Set Fixed
Crisóstomo Torres Alarcón

La muestra de éste taller, será visible varias calles a la redonda, porque estará presidido por un árbol artificial de gran tamaño, en su puerta principal, sirviendo de soporte intermedio de las dos clases de desechos, hasta sus destino final en el vertedero autorizado del gobierno local.

UN RECOLECTOR MOVIL DE BASURAS ESTACIONADO EN EL VECINDARIO

Conocido el objetivo por la mayoría de los vecinos, razón que nos lleva a separar los desechos domésticos, cada vecino llevará una llave estándar similar a la del cartero, para depositar los desechos en el recolector portátil, abriéndolo y cerrándolo con llave. El gobierno local tiene una iniciativa que separa desechos con contenedores de colores, que están instalados en las esquinas de cada barrio de la ciudad, según se muestra en la foto siguiente. Aunque es una medida aparentemente eficaz, estos contenedores suelen estar con aspecto descuidado, y los vecinos a falta de no tener una llave para abrirlos y cerrarlos, introducen involuntariamente excrementos de perros en su interior.

Fábula Dramatizada

SOLAMENTE BOLSAS DE TELA O PAPEL

El autor recomienda el uso de bolsas de tela o papel, porque si éstas bolsas llegaran a quemarse la acción del fuego no resulta tan contaminante, como la ignición de otros materiales. Como muestra la foto siguiente, se recomienda, para evitar la excesiva contaminación por efecto del plástico, hacer la compra habitual del pan en bolsa de tela o papel. Los establecimientos comerciales nos dan la bolsa de plástico, por el bajo coste que les supone a sus cuentas, al tiempo que al llevar una bolsa llena desde éstos comercios, aprovechan para que la clientela les haga una publicidad gratuita, escrita en sus bolsas.

Entonces, y por lo descrito anteriormente diremos que para hacer una importante inversión en futuro medioambiental, llevaremos una bolsa prendida en nuestra ropa deportiva habitual, sujeta con broches como indica el dibujo y fotografía siguientes.

Fábula Dramatizada

Fábula Dramatizada

USO DE LOS COLORES VERDE Y ROJO

Éstos dos colores indicarán a los niños, la importancia de un determinado producto según se trate de un desecho orgánico o inorgánico, e irá relacionándolo con los colores del semáforo, cuándo él debe o no cruzar la calle en su camino a la escuela. Por tanto, si un desecho es mas peligroso que otro, para la salud, y el tiempo que se tenga depositado en casa, hasta que se lleve a los recolectores móviles, o su destino final en el vertedero habilitado por el gobierno local.

Las bolsas que están en una posición baja, serán para que depositen los desechos los niños, según se muestra en la figura aclaratoria siguiente. Las bolsas que están en una posición mas alta serán para que depositen los desechos los padres.

Una vez que tengamos nuestras bolsas llenas con los desechos convenientemente separados, los llevaremos hasta nuestro recolector móvil, como indica la figura siguiente. En consideración de que todos los vecinos estamos interesados en mantener nuestro barrio limpio de basuras, abriremos el recolector con llave, y seguidamente lo cerraremos, haciendo de ésta iniciativa una separación auténticamente limpia.

Por último, recordar que la mayoría de éstos desechos aún teniendo las indicaciones de precaución recomendada por las respectivas fábricas y laboratorios, con éste proyecto crearemos buenos hábitos en los niños, quiénes aprenderán a manipular éstos desechos, que aún siendo inofensivos para la salud, cuándo no se conocen los riesgos pueden ser peligrosos.

CREAR HÁBITOS EN EL USO DE LA BOLSA DE TELA O PAPEL PARA COMPRAR EL PAN

Como una acción de gran consciencia ciudadana en la responsabilidad, que todos tenemos en cuidar nuestro planeta en todos los sectores, sean éstos local, comercial, industrial, zonas de esparcimiento, y ocio, el autor recomienda el uso para sus compra habitual del pan la bolsa de tela como la que se muestra en la siguiente fotografía. Es posible que ésta no sea la bolsa ideal, pero en sucesivas situaciones de consumo, la iremos perfeccionando hasta llegar a fabricar algún tipo de ropa deportiva, que lleve incorporado un tipo de soporte para que uno de los miembros de la familia lleve en lo posible todos los días que así lo necesite, ésta bolsa para la compra del pan.

QUE LAS CONCLUSIONES DE ESTE COMPROMISO MEDIO AMBIENTAL SEAN INCLUIDAS COMO UNA ASIGNATURA OBLIGATORIA EN TODAS LAS ESCUELAS PRIMARIAS

Atendiendo a las infinitas cuestiones relacionadas con el consumo masivo, con que vive la actual sociedad de nuestro tiempo, compra de todo tipo de artículos de consumo doméstico, alimentos ropa, por ejemplo, que lleva su correspondiente envase, y los niños en edad escolar serán los futuros ciudadanos, que deberán mantener las mejores condiciones que la naturaleza necesita para beneficio de la nuevas generaciones. Por tanto, no seremos los adultos de hoy quiénes viviremos en ése futuro, sino los niños de hoy serán los adultos responsables del mañana.

LA DIDACTICA CON LA MARIONETA

El autor recomienda realizar éste breve número teatral con la marioneta. El guión puede ser improvisado, atendiendo a las circunstancias de la contaminación que cada profesor vea de interés dar a conocer a los niños de forma divertida y didáctica. También el guión se puede escribir para cada ocasión, ya se trate de una estación del año, en que la escuela celebre algún acontecimiento especial dedicado a los niños.

EJEMPLO DE GUION IMPROVISADO CON EL DUENDE

Hola queridos amigos. Yo soy el duende del bosque. Y... ustedes como se llaman, decirme vuestros nombres. Los niños responden diciendo, yo me llamo Pedro, yo me llamo Juan, yo me llamo Guillermo. Bueno amigos, he venido a ver a mi amigo árbol, del que he recibido un mensaje con otro de los habitantes del bosque, y me ha dicho que no está bien su salud, a causa de la contaminación humana. Se muestran muchas bolsas de plástico, y se concluye la escena con un diálogo con todos los niños.

EL DUENDE DEL BOSQUE VISITA A SU AMIGO ARBOL

En el siguiente dibujo se expone la historia siguiente. Tras un largo período de tiempo, el árbol que está en uno de los extremos del bosque envía un mensaje a su amigo el "duende del bosque" para que le haga una visita. Como ha pasado mucho tiempo que no se han visto, el árbol que como consecuencia de la contaminación humana, se siente enfermo, sus hojas que siempre fueron verdes, han cambiado de color de tonos rojos y amarillos. Éste cambio no es a causa del otoño, como ocurre todos los años, y por eso es tan importante que el duende del bosque acuda a visitarle.

En el presente ejemplo, se recurre a un cuento infantil de creación propia, y trasladando estos ejemplos a los niños, el autor cree que resulta provechoso para ellos como futuros ciudadanos valiéndonos de la didáctica por tratarse de consciencias en formación, porque cada lección debe ser un encuentro de entretenimiento con ellos y son debutantes en su primera etapa escolar.